Igor Olla

Psicologia e Tecniche di comunicazione efficace nella gestione del cliente

ISBN 978-1-291-69602-8

Igor Olla

Psicologia e Tecniche di comunicazione efficace nella gestione del cliente

ISBN 978-1-291-69602-8

Indice

Premessa

Comunicare è indispensabile. Il primo vagito che emettiamo al momento della nascita, i pianti dei bambini, le urla dei tifosi allo stadio ed i loro striscioni, le facce aggressive dei lottatori di wrestling tanto amati ed osannati dai preadolescenti odierni e tutti gli altri atteggiamenti della nostra quotidianità, sono tutti comportamenti preposti a comunicare un determinato messaggio.

Per comunicare non è necessario parlare. Noi comunichiamo anche stando zitti, sorridendo, comunichiamo con una semplice carezza, comunichiamo voltando la testa quando qualcuno si rivolge a noi o mostrando segnali di forte disappunto rispetto a quanto stiamo sentendo in un dato momento.

Negli ultimi decenni le nostre potenzialità comunicative sono aumentate a dismisura.

La radio, la televisione, il telefono, internet, ci hanno permesso di conoscere le notizie ed i fatti nel momento stesso in cui accadono portandoci in qualunque parte del mondo stando comodamente seduti in casa.

Questo ci ha permesso, rispetto alla generazione dei nostri nonni, di avere accesso a fatti ed informazioni che accadono in tutto il mondo in maniera praticamente immediata.

La comunicazione è indispensabile poiché in essa e con essa si attua la necessità ancestrale dell'essere umano di stabilire una relazione con l'altro.

Ciò nonostante, sono pochissime le persone che si fermano a riflettere anche solo per un attimo su quale sia il loro stile comunicativo ed a come eventualmente modificarlo per renderlo più efficiente.

La *condicio sine qua non,* se si vuole migliorare il rapporto comunicativo con gli altri diventa quindi in via principale il provare a migliorare la qualità della propria portanza comunicativa, l'osservare il nostro modo di relazionarci all'altro, il riuscire a gestire positivamente i possibili conflitti in agguato, l'imparare a porsi verso i clienti (ma non solo) in maniera assertiva.

Risulta quindi importantissima la maniera che abbiamo di

porci.

Perché una comunicazione ottenga un risultato concreto occorre soprattutto che in essa vi sia la condivisione degli scopi e dei sentimenti, senza mai attaccare le posizioni di chi ci sta di fronte.

Meglio quindi cercare di capire le posizioni dell'altro e dialogarci sopra piuttosto che rifiutarle aprioristicamente condannandole.

Se invece che "ascoltare" e "dialogare" cerchiamo di "imporre" otterremo solo facce stizzite, scontri e chiusure nel flusso comunicativo che mineranno in maniera seria le future possibilità di relazione, portando il cliente a rivolgersi altrove.

1. Il processo comunicativo.

Se ci fermassimo per un momento a riflettere sulla nostra vita, tutti ci accorgeremmo di una cosa molto semplice ma alla quale probabilmente quasi nessuno di noi ha mai pensato: nessuno ci ha mai insegnato a comunicare.

Nella prima infanzia i nostri genitori (o chi per loro) ci hanno insegnato a parlare, una maestra alle scuole elementari ci ha insegnato a leggere ed a scrivere, il luogo in cui siamo cresciuti od in cui ci siamo trasferiti ci ha trasmesso una lingua, un insieme composito di segnali, di regole di gesti e di espressioni varianti, appunto, in base al luogo nel quale ci troviamo, o della particolare zona geografica di uno stato, del target sociale di riferimento e delle attuali frequentazioni lavorative e sociali.

La quasi totalità degli apprendimenti sopra esposti avviene in modalità inconscia.

Ma come detto all'inizio nessuno ci ha mai effettivamente insegnato a comunicare correttamente.

Ogni essere umano ha un proprio modo di comunicare, in misura più o meno grande diverso da quello di chiunque altro.

Buona parte della comunicazione interpersonale, a differenza di quanto possiamo pensare, è veicolata in maniera non verbale tramite la mimica facciale, gli sguardi, la postura del corpo, gli atteggiamenti.

La maggior parte di questi elementi comunicativi non verbali, spesso attuati in maniera inconscia sia mentre parliamo che mentre ascoltiamo, vengono appresi durante l'infanzia all'interno del nucleo familiare.

E' per tale motivo che spesso notiamo quanto siano simili i sorrisi, gli sguardi, le espressioni facciali di disappunto dei figli con quelle dei genitori.

Per poter iniziare una corretta valutazione delle modalità comunicative vanno innanzitutto analizzati tutti gli elementi che a vario titolo entrano in gioco in un qualunque processo comunicativo.

Il processo comunicativo è molto complesso ed articolato e risulta formato da una molteplicità di componenti. Soggetti principali della comunicazione sono l'emittente, cioè colui che parla o che comunque ha intenzione di veicolare un concetto ad un altro soggetto e il ricevente, cioè il destinatario al quale è diretto il messaggio dell'emittente.

Ciò che si definisce come principale oggetto del

processo comunicativo è il cosiddetto "messaggio", cioè che cosa l'emittente comunica al destinatario. Altro imprescindibile componente del processo comunicativo è il "codice", che consiste nel tipo di linguaggio, sia esso di tipo verbale, scritto o altro, usato dall'emittente per comunicare al ricevente il suo messaggio.

Il processo comunicativo è ovviamente caratterizzato da una elevata complessità e risulta influenzato da una molteplicità di variabili, questo perché, come ben sappiamo, la reazione di chi ci ascolta a quanto noi gli stiamo comunicando influenzerà in maniera sostanziale il prosieguo del nostro processo comunicativo.

Risulta chiaro quindi come la comunicazione non vada intesa come un percorso semplice e lineare ma piuttosto debba essere vista più come un processo circolare, proprio per via del fatto che, nel momento in cui chi mi sta ascoltando mi risponde, le parti si invertono e il ricevente diventa a sua volta emittente.

La comunicazione viene definita circolare anche perché ciò che dice l'emittente va ad influenzare la reazione di chi ascolta e a sua volta, la reazione di chi ascolta va ad influenzare il comportamento di chi parla, in un continuo scambio di ruoli e di influenze reciproche nel prosieguo del processo della comunicazione.

Come si può facilmente immaginare la comunicazione quasi mai è perfetta e anche in essa si verificano dei problemi tanto comuni quanto "invisibili" a chi ha uno stile comunicativo ormai sedimentato dalla quotidianità.

Spesso nella comunicazione si inseriscono infatti quelli che vengono definiti "circoli viziosi", cioè dei "percorsi negativi" che sono molto difficili da spezzare sia per i professionisti che giornalmente hanno a che fare con un certo numero di clienti che per i clienti stessi.

Il circolo vizioso è un problema tanto comune quanto sconosciuto nel rapporto professionista-cliente ed esso si verifica proprio in virtù del fatto che il suddetto rapporto appare caratterizzato da relazione stretta, infatti è difficile che un circolo vizioso si instauri tra estranei che possono benissimo interrompere il loro rapporto comunicativo nel momento in cui prendono coscienza che qualcosa non sta funzionando per il verso giusto.

Occorre quindi innanzitutto riuscire ad identificare un circolo vizioso nel momento in cui questo si è instaurato per poterlo interrompere.

Per poter spezzare il circolo vizioso bisogna quindi come prima cosa imparare a ragionare sulla propria modalità comunicativa, imparare ad analizzare in maniera oggettiva, nel momento stesso in cui comunichiamo, cosa dell'altro ci sta infastidendo in quel dato istante e soprattutto ragionando su quali nostri atteggiamenti comunicativi stanno spingendo il nostro interlocutore verso una posizione di rigidità, di opposizione e di chiusura nei nostri confronti.

L'unica maniera di interrompere il circolo vizioso risulta quindi il cercare di modificare il nostro modo di relazionarci al nostro interlocutore e di comunicare con esso attuando una continua analisi del nostro rapporto comunicativo con l'altro.

Come già precedentemente accennato, va sempre tenuto presente che non si comunica solo in maniera volontaria ma anche e soprattutto in maniera involontaria.

Se ci riflettiamo per un attimo ci accorgeremo che comunichiamo non solo accettando la comunicazione e dialogando con l'altro, ma anche rifiutando del tutto o squalificando volontariamente l'intento comunicativo di chi in quel momento sta cercando di rapportarsi a noi.

Infatti anche il rifiuto della comunicazione è esso stesso una comunicazione, un ben preciso messaggio che inviamo al nostro interlocutore.

Il nostro rifiuto comunicativo può essere manifestato all'altro con diverse modalità, tutte molto chiare e spesso urtanti per il nostro interlocutore: possiamo dire chiaramente a chi ci sta parlando di stare zitto o che ciò che sta dicendo non ci interessa, oppure possiamo ascoltarlo in maniera apatica con una chiara aria di sufficienza o ancora, possiamo ignorarlo del tutto mentre ci parla.

Tutti questi tipi di rifiuto della comunicazione porteranno, come appare ovvio, ad una importante frattura che lascerà una traccia pesante nei futuri tentativi comunicativi con la persona al quale è stato opposto un rifiuto al processo comunicativo.

Ma il modo di rifiutare la comunicazione che più di tutti va ad incrinare i rapporti tra gli interlocutori è quello di squalificare e ridicolizzare ciò che l'altro ci sta comunicando.

Dobbiamo allora cercare di impostare un buon sistema comunicativo.

Per comunicare con l'altro in maniera adeguata bisogna innanzitutto porsi verso di lui in maniera empatica, bisogna cioè cercare di "mettersi nei suoi panni", di capire in maniera autentica cosa l'altro vuole comunicarci. Chi ci sta di fronte andrebbe sempre accettato incondizionatamente, indipendentemente di chi è e da cosa porta come idee e convinzioni, cercando di abbandonare schemi preconcetti che ci porterebbero appunto a porre un filtro tra ciò che l'altro esprime e ciò che noi recepiamo.

Quando comunichiamo, partiamo sempre dai nostri punti di vista dando quasi per scontato che anche chi ci sta di fronte condivida le nostre stesse posizioni ed assunti, senza valutare che il punto di vista di chi in quel momento si sta a noi rapportando, può divergere in maniera più o meno secca dal nostro.

Poiché la comunicazione produce un interscambio di sentimenti, oltre che di contenuti (notizie, pareri, richieste), il parlare con l'altro può diventare confidenza e comunicazione totale, intima e profonda, solo a condizione che la parola non sia finalizzata a "sapere" qualcosa dall'altro e dell'altro, ma favorisca lo scambio dei sentimenti e realizzi una relazione interpersonale autentica.

La comunicazione con il cliente richiede il porsi in sintonia, il capirsi, l'entrare in contatto profondo; in una parola è richiesto un atteggiamento di profonda empatia o comprensione empatica.

Imparare a comunicare in maniera empatica significa cercare di acquisire la reale capacità di "mettersi nei panni dell'altro", di comprenderne, senza giudicare, cercando di accoglierne le istanze e le richieste.

In quest'ottica l'empatia è quindi definibile come la reale modalità di approccio per attuare una vera e profonda comprensione dell'altro da noi.

Secondo Carl Rogers, i cinque principi basilari per una corretta tecnica di approccio empatico sono:

Accoglienza e non iniziativa, Cioè mettere chi comunica con noi a suo completo agio senza forzarlo nella risposta o cercare di costringerlo a rispondere alle nostre domande, evitando quindi di indirizzarlo verso una risposta che probabilmente noi abbiamo in mente ma che necessariamente non è la risposta che ha in mente chi ci sta di fronte;

Concentrate la nostra *attenzione al vissuto* del soggetto e non ai fatti in sé che il soggetto ci espone;

Interessamento alla persona nella sua totalità e non solo al problema che egli porta, valutandone quindi tutto il suo passato esperienziale ed il suo vissuto sul quale poi il fatto che ci viene raccontato è andato ad installarsi;

-Totale *rispetto* per il soggetto che si sta in quel momento rapportando a noi, manifestandogli il nostro interesse e la nostra considerazione, anche se ci troviamo in presenza di una persona portatrice di idee, valori, esperienze completamente differenti dalle nostre e quindi non sempre completamente condivisibili, evitando per cui di giudicarlo;

Facilitazione dei processi comunicativi, mediante l'ascolto.

La tecnica empatica ha come sua strategia fondamentale la *riformulazione* dei concetti verbalizzati dall'interlocutore e la riproposizione allo stesso dei suoi sentimenti precedentemente espressi, mediante l'utilizzo della: *parafrasi* o *riassunto*: La parafrasi consiste semplicemente nel riproporre alla persona che si sta relazionando con noi gli stessi concetti da lei espressi ma a modo nostro, filtrati secondo il nostro "occhio", cioè riformulargli quanto noi abbiamo capito e recepito dei suoi sentimenti; egli si troverà quindi a ripercorrere i sentimenti da se stesso espressi ma ascoltandoli secondo il punto di vista di un altro.

Sottolineatura: La sottolineatura consiste nel trovare il punto cruciale della conversazione, del discorso, per riprendere e sottolineare il sentimento dominante espresso; Si dovrà quindi individuare il sentimento prevalente nell'esposizione in modo da focalizzare successivamente l'attenzione su di esso.

Chiarificazione: mettere in luce e rimandare al soggetto il senso di ciò che ha detto.

Tale tecnica consiste nel riproporre al soggetto il senso complessivo di tutto il suo discorso, o almeno, il senso che ne abbiamo percepito noi che in quel determinato momento fungiamo da suoi interlocutori.

La domanda che ci potrebbe venire in mente è quale effettiva utilità possano avere e quale reale funzione pratica possano svolgere le tecniche appena esposte.

Innanzitutto esse permettono alla persona di rimanere concentrata sul problema che sta vivendo e sul come lo vive piuttosto che doversi concentrare su domande poste da noi che potrebbero essere fuorvianti e portarci su un tema verso il quale in realtà vogliamo arrivare noi, magari attraverso domande ripetute e assillanti, ma che probabilmente non sarà il problema che realmente assilla il nostro interlocutore.

Inoltre le nostre riformulazioni permettono alla persona di ripensare alle cose che ha esposto e quindi di portare eventualmente nuove ulteriori riflessioni su di esse prima di passare oltre ed analizzare altre tematiche.

Assunto fondamentale di questo approccio è il non essere competitivi, cioè il cercare di imporre a tutti i costi all'altro la nostra posizione od il nostro punto di vista cercando di convincerlo forzosamente delle nostre ragioni.

Occorrerà soprattutto invece ascoltare le "sue" motivazioni e le "sue" ragioni, accettandole in maniera attiva e non nella posizione di aspettare che finisca presto di parlare per ribadire la nostra idea senza neppure prestare caso a ciò che sta dicendo.

Trattare un cliente in maniera sarcastica quando si commentano le sue motivazioni durante una discussione, risulta essere un comportamento piuttosto irritante per chi li deve subire, oltre scarsamente efficace all'atto pratico se non addirittura, nella maggior parte dei casi, controproducente.

Occorrerebbe allora basare la comunicazione sull'ascolto attivo.

Ad esempio si potrebbero spiegare ai clienti le conseguenze positive di certi punti di vista nostri rispetto ai loro, piuttosto che sottolineare solo gli aspetti negativi delle loro posizioni o, ancora, evidenziarne i possibili vantaggi futuri.

Appare chiaro quindi che cercare di imporre la nostra volontà in maniera quasi coercitiva porterà in breve tempo ad uno scontro tra le diverse posizioni e quindi ad una degenerazione del processo comunicativo nonché ad una frattura alla quale poi occorrerà cercare rimedio.

Un professionista che ascolta porterà il cliente a valutarlo come persona che capisce le sue esigenze e ciò questo fungerà da retroazione positiva e da rinforzo nel processo comunicativo, incrementando nel cliente la fiducia che ripone nel professionista, stimolandolo a rivolgersi a lui in futuro.

2. Competenze e strumenti psicologici di base nella gestione del cliente

2.1 L'autostima

Il *concetto di sé* è la costellazione di elementi a cui una persona fa riferimento per *descrivere* sé stessa. Esso riguarda tutte le conoscenze sul sé, come il nome, la razza, ciò che piace o non piace, le credenze, i valori e le descrizioni fisiche (es. altezza e peso).

Una persona può ad esempio vedere sé stessa come un lavoratore, come uno sportivo, come una persona interessata alla tecnologia, e così via; queste sarebbero tutte componenti del suo *concetto di sé*.

L'*autostima* è invece una *valutazione* circa le informazioni contenute nel concetto di sé;

L'autostima è la reazione emotiva che le persone sperimentano quando osservano e valutano cose diverse su di sé ed è collegato alle credenze personali circa le abilità, le capacità, i rapporti sociali, e i risultati futuri.

Il concetto di autostima e il concetto di sé sono quindi collegati tra loro ma diversi.

Nonostante l'autostima sia collegata con il concetto di sé, e quindi influenzata dal suo contenuto, è possibile per le persone credere cose oggettivamente positive (come riconoscersi capacità scolastiche, atletiche, o artistiche), ma continuare a non amare realmente sé stesse. Viceversa, è possibile per le persone amare sé stesse, ed avere quindi un'alta autostima, malgrado la mancanza di qualunque indicatore oggettivo che sostenga una così positiva visione di sé.

L'autostima dipende sia da fattori interni, cioè dagli schemi cognitivi della persona, dalla sua soggettiva visione della realtà e di sé stessa, sia da fattori esterni, come ad esempio i successi che otteniamo e la qualità dei "messaggi" che riceviamo dalle altre persone.

William James (1890/1983) definiva l'autostima come il rapporto tra il *Sé percepito* di una persona e il suo *Sé ideale*: il Sé percepito equivale al concetto di sé, alla conoscenza di quelle abilità, caratteristiche e qualità che sono presenti o assenti, mentre il Sé ideale è l'immagine della persona che ci piacerebbe essere.

Secondo James una persona sperimenterà una bassa autostima se il Sé percepito non riesce a raggiungere il livello del Sé ideale.

L'ampiezza della *discrepanza* tra come ci vediamo e come vorremmo essere è infatti un segno importante del livello di quanto soddisfatti di noi stessi.

In altre parole, secondo la definizione di James, l'autostima sarebbe il risultato del confronto tra i risultati e traguardi che abbiamo realmente raggiunto nella nostra vita e relative aspettative future.

Tuttavia anche i fattori ambientali, interagendo con l'individuo, contribuiscono a migliorare o peggiorare le prestazioni.

Le persone infatti sviluppano un'idea di sé sulla base di come sono trattate o viste dagli altri: "gli altri ci fanno da specchio, e noi tendiamo a vederci come loro ci vedono, a giudicarci come loro ci giudicano".

In altre parole ciò che gli altri pensano di noi, cioè l'immagine di noi che ci rimandano, diventa pian piano ciò che noi pensiamo di noi stessi.

Ma se è vero che quello che gli altri pensano di noi influenza quello che noi pensiamo di noi stessi, è vero però anche l'inverso, cioè che gli altri sono altrettanto influenzati dal nostro giudizio su noi stessi e tendono a vederci come noi ci vediamo.

Essendo il concetto di sé e l'autostima necessariamente correlati agli aspetti importanti della nostra vita (es. lavoro, amicizia, sport, ecc.), l'autostima complessiva, o globale, di una persona dipenderà dagli svariati contesti in cui si trova ad agire, ma soprattutto dall'importanza che essa attribuisce a ciascuna delle componenti.

Alcuni studiosi distinguono infatti "autostima globale" da "autostima specifica", definendo la prima come un giudizio complessivo sul proprio valore e la seconda come un giudizio che riguarda un particolare settore autovalutativo (fisico, intellettuale, morale, sociale, ecc.).

L'autostima globale non corrisponde però necessariamente alla somma o alla media delle varie autostime specifiche.

C'è infatti chi, pur mietendo successi un po' ovunque (e avendo molte autostime specifiche buone), è afflitto da un fondamentale e generico disprezzo per sé stesso; e viceversa c'è chi va abbastanza fiero di sé pur avendo molte autostime specifiche piuttosto mediocri.

Questo perché le persone assegnano ad ogni settore un diverso *peso*, quindi quanto più è importante per una persona riuscire a valutarsi bene in un dato campo, tanto più quell'autostima specifica influirà (positivamente o negativamente) sulla sua autostima globale.

L'autostima positiva è considerata da molti il fattore centrale di un buon adattamento socio-emozionale. Avere una buona autostima ci rende infatti più sicuri, più felici, più desiderabili agli occhi degli altri e ci aiuta a rispondere adeguatamente alle sfide e alle opportunità della vita.

L'autostima appare essere collegata a vari ambiti della nostra vita, uno fra tutti il benessere psicologico (ad esempio la depressione da alcune scuole di pensiero viene ricollegata ad una modalità cognitiva basata su una valutazione eccessivamente critica e negativa del Sé), ma anche il rendimento scolastico e lavorativo secondo gli studi diversi ricercatori appaiono direttamente influenzati dal livello di autostima del soggetto in esame.

In buona sostanza l'autostima può generare effetti positivi (se è alta) o effetti negativi (se è bassa) in differenti aspetti della personalità umana.

Risulta necessario soffermarsi sull'aspetto che in realtà l'autostima non è un indice delle reali capacità e /o competenze in un determinato campo della nostra vita. Le persone dotate di alta autostima non sono automaticamente e realmente più brave o più capaci o ancora più competenti in un determinato ambito rispetto a quelle dotate di una autostima più bassa.

Ciò che fa la differenza tra le tue tipologie di soggetti è la convinzione che essi hanno in merito alle competenze stesse e ciò va ad influenzare il modo con cui si approcciano alle diverse evenienze, ai doversi ostacoli, agli insuccessi ed ai successi che la vita pone loro di fronte.

I soggetti che posseggono una autostima superiore alla media infatti sono più ottimiste e, anche posti di fronte ad eventi stressanti o negativi, li affrontano con maggiore energia, basandosi proprio sulla fiducia che ripongono nelle proprie capacità, oltre che sui successi passati.

E' possibile dare una indicazione di massima su come si rapportano alla vita in generale ed alle nuove sfide personali e professionali i soggetti dotati di alta e bassa autostima.

Le persone con *alta autostima* prima di intraprendere ogni attività, risolvere un problema, affrontare una prova, appaiono in genere sicure di sé e sono convinte di avere buone probabilità di successo. Spesso infatti hanno alle spalle una storia di precedenti successi che alimentano le loro rosee aspettative, ma anche quando in passato sono incappati in qualche delusione rispetto a compiti simili, tendono a pensare che "stavolta andrà bene".

Per questi soggetti le situazioni e le prove difficili risultano stimolanti, sono una *sfida* da raccogliere per dimostrare a loro stessi e agli altri che sono in gamba. Inoltre quello che vogliono non è semplicemente riuscire a cavarsela, ma *eccellere*, vogliono distinguersi e superare i loro risultati precedenti, conquistando obiettivi sempre più elevati.

Le persone con *bassa autostima* si trovano nella situazione opposta: prima di ogni prova, si sentono ansiose e preoccupate, vorrebbero rinunciare a prescindere di modo da non dover incappare in un possibile fallimento. Il loro punto di vista è: meglio non provare se il rischio è non riuscire.

Questi soggetti sono assillati da continui dubbi sulla reale efficaci del loro impegno, non hanno fiducia nelle loro capacità, del resto, l'esperienza passata non gli suggerisce pronostici favorevoli, e quindi si raffigurano già il momento in cui dovranno fare i conti con l'ennesimo fallimento.

Ma anche quando un iniziale risultato positivo dovrebbe incoraggiarli a sperare, entrano nel panico.

Essi non vedono quindi le prove come stimolanti sfide, ma come *minacce* per la loro autostima, occasioni in cui rischiano di dimostrare di non essere abbastanza capaci, interessanti, intelligenti.

Dati questi timori non aspirano certo a conseguimenti eccezionali, gli basterebbe cavarsela, non fare una figuraccia, rientrare nella media, non risultare troppo inadeguati.

I soggetti dotati di alta autostima tendono quindi ad approcciarsi in maniera positiva alle nuove sfide mentre quelle con bassa autostima tendono a vederle come una possibile minaccia da evitare.

2.2 L'autoefficacia

La nostra vita è guidata dal nostro Senso di *Autoefficacia* che costituisce un importante fondamento per l'azione.

Questo costrutto fu formulato per la prima volta da Albert Bandura che definì il Senso di Autoefficacia come:

Le convinzioni circa le proprie capacità di organizzare ed eseguire le sequenze di azioni necessarie per produrre determinati risultati. (Bandura, 2000).

Non si tratta di una generica fiducia in se stessi, ma della convinzione di poter affrontare efficacemente determinate prove, di essere all'altezza di determinati eventi, di essere in grado di cimentarsi in alcune attività o di affrontare specifici compiti.

"L'autoefficacia, non è dunque una misura delle competenze possedute, ma la credenza che la persona ha in ciò che è in grado di fare in diverse situazioni con le capacità che possiede" (Borgogni, 2001).

Un sistema di convinzioni che può favorire o ostacolare il

funzionamento cognitivo è il concetto di *capacità*.

Alcuni soggetti considerano le capacità personali come *un'abilità acquisibile* che può migliorare con l'aumento delle conoscenze e il perfezionamento delle competenze.

L'insuccesso induce questi individui a cercare di raccogliere maggiori informazioni sulle proprie capacità ed a utilizzare tali informazioni come una guida per uno sviluppo personale ulteriore.

Invece le persone che vedono la capacità come un'*attitudine* più o meno *intrinseca, innata e immodificabile*, considerano il livello di prestazione come un indice delle proprie doti.

Queste persone tendono a misurare la loro capacità attraverso il confronto sociale e a sminuire le loro prestazioni quando sono inferiori a quelle altrui.

Le due diverse concezioni della capacità condizionano il modo in cui le prestazioni carenti vengono elaborate cognitivamente.

Il fatto di costruire le prestazioni di basso livello come

indicatori di difetti personali intrinseci riduce il senso di efficacia mentre il fatto di considerare le stesse prestazioni come informazioni istruttive, che possono favorire un aumento delle competenze personali, sostiene e rafforza il senso di efficacia.

Un altro sistema di convinzioni importante, che influisce sul modo in cui le informazioni di efficacia vengono elaborate cognitivamente, è la convinzione circa il *grado di influenzabilità o controllabilità del proprio ambiente*.

Le persone insicure sono portate a ritenere che ogni tentativo di modificare la loro situazione di vita sarà inutile e da ciò ne deriva una probabilità molto minore di attuare e protrarre nel tempo azioni di miglioramento rispetto a coloro che credono fermamente nella loro capacità di provocare cambiamenti sociali significativi.

Le convinzioni di efficacia rivestono un ruolo chiave nell'autoregolazione della motivazione. La gran parte della motivazione umana è generata cognitivamente.

Attraverso le previsioni che formulano per il futuro le persone automotivano se stesse ed in base a ciò orientano i propri comportamenti.

I soggetti si autovalutano in merito a ciò che ritengono di saper (o non saper) fare, immaginano i possibili risultati dei propri comportamenti, si danno obiettivi e attuano una pianificazione atta alla loro realizzazione.

Fatto ciò si attivano le risorse e l'impegno necessario al conseguimento del risultato sperato.

Le convinzioni sull'Autoefficacia determinano gli obiettivi che le persone si pongono, la quantità di impegno che attivano, quanto a lungo perseverano di fronte alle difficoltà e l'entità delle capacità di recupero in seguito agli insuccessi.

Le persone con bassa fiducia in se stesse e nelle proprie capacità e competenze, quando si trovano di fronte ad ostacoli imprevisti o quando non raggiungono il risultato sperato tendono a ridurre il proprio impegno, oppure direttamente rinunciano ritenendo di non essere all'altezza della situazione.

Quelle che invece credono fortemente nelle loro capacità intensificano i loro sforzi quando non riescono a raggiungere ciò a cui aspirano e persistono fino a che non vi riescono.

Di solito, una forte perseveranza ripaga gli sforzi fatti con un miglioramento della prestazione.

La convinzione delle persone nelle proprie capacità di gestione efficace determina, oltre al loro livello di motivazione, anche la quantità di tensione e depressione che provano in situazioni pericolose o difficili.

L'Autoefficacia percepita nel controllo degli *stressors* riveste un ruolo preponderante nell'insorgenza dell'*ansia*.

Ciò accade in diversi modi.

Le convinzioni di efficacia influenzano la *vigilanza verso potenziali pericoli, la loro percezione ed elaborazione cognitiva.*

Le persone che considerano i pericoli potenziali come inaffrontabili vedono molti pericoli nel loro ambiente, si soffermano a lungo a considerare i propri limiti, amplificano la gravità dei pericoli possibili e temono eventualità che raramente si verificano.

Tormentandosi con questo modo di pensare problematico vanno ad alterare il proprio livello di funzionamento.

Di contro, coloro che ritengono di poter esercitare una certa quantità di controllo sui pericoli possibili insiti nei compiti e negli obiettivi sui non lavorano sull'individuazione anticipata di in anticipo tutte le possibili minacce, evitando così di crearsi pensieri angoscianti sulle stesse.

L'esercizio del *controllo sulle ruminazioni mentali e i pensieri disturbanti* è un secondo mezzo attraverso il quale le convinzioni di efficacia modulano l'insorgenza dell'ansia e della depressione.

La maggiore fonte di stress non è costituita dalla frequenza dei pensieri disturbanti, ma dalla percezione della propria incapacità di interromperli.

Coloro che possiedono un forte senso di Autoefficacia hanno un maggior controllo su questo tipo di pensieri.

Il terzo modo in cui le convinzioni di efficacia riducono o eliminano l'ansia è promuovendo *modalità di comportamento efficaci*, in grado di modificare l'ambiente facendolo diventare, da minaccioso, sicuro.

Qui le convinzioni di efficacia modulano lo stress e l'ansia attraverso il loro impatto sul comportamento concreto di gestione.

Quanto più forte è il senso di efficacia, tanto più le persone sono vigorose nell'affrontare situazioni problematiche stressanti e tanto maggiore è il loro successo nel modificarle.

Un basso senso di efficacia nelle proprie capacità di esercitare un controllo sulle situazioni problematiche alimenta, oltre all'ansia, anche la *depressione* in vari modi.

Una strada che conduce alla depressione è quella delle *aspirazioni frustrate*.

Le persone che si sentono valide solo se raggiungono determinati standard autoimposti, che sanno di non poter raggiungere, si spianano la strada a un episodio di depressione.

Una seconda via che conduce alla depressione è un *basso senso di efficacia sul piano delle relazioni sociali*. Il sostegno sociale riduce la vulnerabilità allo stress, alla depressione e alla malattia fisica.

Il sostegno sociale non è un'entità che si sviluppa da sé,

le persone devono impegnarsi per trovare o crearsi delle relazioni capaci di fornire loro sostegno.

Ciò richiede un forte senso di Autoefficacia in campo sociale.

La terza via che conduce alla depressione passa attraverso *l'incapacità di controllare il pensiero.*

Gran parte della depressione umana è generata cognitivamente mediante ruminazioni mentali dall'effetto demoralizzante.

Un basso senso di Autoefficacia nel controllo della ruminazione mentale contribuisce alla comparsa, alla durata e alla recidività degli episodi di depressione.

Quanto più debole è l'efficacia percepita nell'interrompere le ruminazioni mentali, tanto maggiore risulta la depressione.

L'umore e l'Autoefficacia si influenzano reciprocamente in modo bidirezionale: un basso senso di Autoefficacia circa la capacità di procurarsi ciò che nella vita conduce alla soddisfazione di sé e alla sensazione di valore personale dà luogo alla depressione, e l'umore depresso, a sua volta, diminuisce la fiducia nella propria efficacia personale, in un circolo vizioso che porta a una demoralizzazione sempre maggiore.

Le convinzioni di efficacia personale possono modellare il corso che la vita assume anche determinando il genere di attività che si intraprendono e i contesti ambientali a cui si sceglie di accedere.

In questo processo ognuno modella il proprio destino, scegliendo il tipo di ambiente che ritiene adatto a coltivare certe potenzialità e determinati stili di vita.

Le persone evitano le attività e gli ambienti che considerano al di là delle proprie capacità di gestione e scelgono invece attività stimolanti e ambienti che giudicano alla propria portata.

Attraverso le scelte che compiono, le persone coltivano diversi tipi di competenze, interessi e relazioni sociali che determinano il loro corso esistenziale.

Qualsiasi fattore che influenzi il comportamento di scelta può influenzare profondamente la direzione dello sviluppo personale.

Le persone precludono la realizzazione di certe loro potenzialità scartando le attività per cui non si sentono abbastanza competenti.

La capacità delle convinzioni di efficacia di influire sul corso della vita attraverso i processi di scelta emerge nel modo più evidente dagli studi sulla scelta e lo sviluppo della carriera.

La forza dell'Autoefficacia è correlata positivamente al numero di possibilità di carriera considerate possibili, l'interesse dimostrato per esse, la qualità della preparazione scolastica per diverse carriere lavorative e la determinazione con cui vengono perseguite le attività scelte.

Bandura (2000) ha analizzato attraverso numerose ricerche lo sviluppo della percezione di Autoefficacia nei diversi periodi della vita.

Il neonato viene al mondo privo di alcun senso di Sé, che deve essere costruito socialmente attraverso esperienze di interazione con l'ambiente.

Inizialmente il contesto principale in cui il bambino svolge esperienze di efficacia, di padronanza o meno, è la famiglia; successivamente, man mano che il mondo sociale del bambino si espande, i pari assumono un ruolo sempre più ampio.

I coetanei, infatti, sono utili ad alcune importanti funzioni di efficacia.

Ogni periodo di sviluppo porta con sé nuove sfide alla propria efficacia nel fronteggiare gli eventi.

In età adulta le convinzioni di efficacia contribuiscono allo sviluppo professionale, alla gestione dei rapporti coniugali e delle esigenze familiari, all'adempimento del ruolo genitoriale, alla costruzione e al mantenimento della rete dei rapporti sociali, così coloro che hanno raggiunto la mezza età valutano il proprio senso di efficacia nei vari settori della loro vita.

Infine, nella terza età, il processo di invecchiamento sembra mettere a dura prova l'Autoefficacia di un individuo, se gli anziani perdono in maniera massiccia la fiducia nelle proprie capacità, rischiano di sentirsi inutili e di rassegnarsi ad un'esistenza priva di qualsiasi iniziativa.

E' importante poter mantenere un buon livello di

Autoefficacia in ogni momento della nostra vita.

2.3 La motivazione

Il concetto di Motivazione o Comportamento motivato (pulsione) è stato introdotto in Psicologia dopo gli studi di W. James, C. L. Hull e S. Freud.

Con esso si deve intendere tutto ciò che spinge l'essere umano a perseguire determinati scopi. Esso quindi è lo studio del "perché" delle azioni.

Tutte le forme di motivazione, siano esse biologiche o psicologico-affettive, implicano sempre la mobilitazione di una quantità più o meno grande di energia per il conseguimento di uno scopo (bisogni-desideri).

La Psicologia studia le diverse forme di motivazione, ovvero il nesso tra certi comportamenti e l'ambiente.

Una motivazione si manifesta quando per una qualsiasi ragione si è perso uno stato di equilibrio, e permane sino a quando l'equilibrio non si è ristabilito.

Quali sono le motivazioni che ci spingono ad impegnarci nel conseguimento dei nostri obiettivi professionali, relazionali, affettivi?

Abraham Maslow, negli anni '50, ha elaborato una teoria denominata "scala dei bisogni" o "piramide dei bisogni". Essa parte dal presupposto che, una volta che un individuo percepisce un bisogno, pone in essere gli strumenti ritenuti più adatti a soddisfarlo.

Secondo tale teoria i bisogni percepiti dall'individuo sono raggruppabili in cinque diverse categorie e sono organizzati secondo una precisa gerarchia, per cui un bisogno non è motivante per un individuo se questi non ha prima soddisfatto i bisogni di livello inferiore nella scala gerarchica.

Alla base della piramide vi sono i bisogni fisiologici, cioè quei bisogni legati alla stessa sopravvivenza dell'uomo (fame, sete, riposo, riparo).

Tali bisogni sono i primi a dover essere soddisfatti e, solamente quanto essi vengono appagati, sorgono nell'individuo le altre necessità di livello superiore.

Seguono poi i bisogni di sicurezza. Sostanzialmente si tratta di bisogni legati al desiderio di protezione e di tranquillità.

Un gradino più sopra nella scala dei bisogni, troviamo quelli sociali, ovvero il senso di appartenenza al gruppo, il bisogno di essere accettati dagli altri, di riceve amicizia ed affetto.

Poi vengono i bisogni di stima, intesa sia nel senso di stima degli altri che di autostima.

All'ultimo livello della piramide ci sono i bisogni di autorealizzazione che consistono nel voler essere ciò che si desidera in base alle proprie capacità e alle proprie aspirazioni e nel voler occupare una posizione soddisfacente nel gruppo.

Secondo Maslow, un bisogno regolarmente soddisfatto cessa di essere motivante.

Inoltre, un bisogno non è motivante se i bisogni di livello gerarchico inferiore non sono stati soddisfatti, quindi perché un bisogno di livello gerarchico superiore emerga è necessario che quelli di ordine inferiore siano stati tutti soddisfatti.

Nelle società economicamente più progredite, dove i

bisogni di livello inferiore della scala gerarchica sono comunemente soddisfatti (come i bisogni fisiologici e quelli di sicurezza) la motivazione alla stima e alla autorealizzazione prevalgono su altri bisogni gerarchicamente inferiori.

3. La CNV

Per definire la CNV prendiamo quanto scritto dal famoso psicologo, Paul Watzlawick che, nel suo libro "Pragmatica della comunicazione umana", afferma:

"La comunicazione non verbale comprende i movimenti del corpo (cinesica), le posizioni del corpo (prossemica e postura), i gesti, l'espressione del viso, le inflessioni della voce, la sequenza, il ritmo e la cadenza delle stesse parole e ogni altra espressione non verbale di cui l'organismo sia capace e i segni di comunicazione presenti in ogni contesto in cui ha luogo una interazione".

Al contrario di quanto viene comunemente inteso dai non addetti ai lavori, è importante comprendere che la significatività della comunicazione di un qualsiasi messaggio tra persone viene trasmessa con le seguenti percentuali:

7% Attraverso la COMUNICAZIONE VERBALE

93% Attraverso la COMUNICAZIONE NON VERBALE

L'individuo quindi non comunica semplicemente dicendo delle cose a uno o più interlocutori, ma partecipa a una comunicazione che crea un contesto e delle situazioni proprio in funzione delle interrelazioni delle persone che vi partecipano.

E' riduttivo focalizzarsi solo sul cosa dire al cliente senza fare attenzione a come questo contenuto viene trasmesso: una distratta CNV stravolge ne depotenzia il valore", mentre una buona CNV lo migliora.

Relativamente a quanto viene veicolato attraverso la comunicazione non verbale risulta di fondamentale importanza evidenziare che in realtà il linguaggio del corpo è il linguaggio del nostro inconscio, il linguaggio delle emozioni, il risultato visibile di tensioni che si accumulano dentro di noi e che, immancabilmente, devono trovare una strada per scaricarsi e, quindi, manifestarsi.

La CNV è il linguaggio del nostro **Io-Bambino**, è l'espressione del suo gradimento o del suo disagio nel rapporto dialettico che vive con la realtà circostante.

La comunicazione verbale appartiene invece prevalentemente alla nostra sfera razionale ed è facile e intuitivo immaginare la conflittualità tra queste due dimensioni.

Per un insieme di motivi facilmente comprensibili, non possiamo sempre dire tutto quello che vorremmo dire, non possiamo essere sempre sinceri: la CNV esprime quello che la comunicazione verbale non può esprimere.

Prima di proseguire sono importanti alcune precisazioni per evitare di sbagliare e di travisare il linguaggio non verbale del nostro interlocutore:

- Il gesto o la postura dell'altro che hanno un valore significativo certo sono quelli immediatamente conseguenti a uno stimolo inviato e ricevuto e vanno

carpiti nel momento della stimolazione.
- In genere la persona, adeguatamente stimolata, esprime più gesti, posture e scarichi tensionali contemporaneamente.

- La fenomenologia che emerge va sempre contestualizzata con intelligenza e sensibilità.

La postura di una persona che ascolta una conversazione comodamente seduta con le gambe incrociate e il busto appoggiato allo schienale della poltrona non denota niente di significativo, diverso è se questa assume questo atteggiamento, per esempio, a seguito di una domanda che gli viene rivolta.

Come già detto la CNV è il linguaggio dell'inconscio che manifesta, attraverso il gesto, una risposta a fronte di una stimolazione emotiva precedente.

3.1 La comunicazione prossemica

Lo spazio che ci separa dagli altri è uno spazio mentale che esiste nella nostra mappa del mondo ed è chiamato spazio prossemico o bolla prossemica, perché si sviluppa tutta intorno a noi.

Se ad esempio chiamiamo una persona e questa per risponderci si avvicina, la distanza alla quale essa si fermerà da noi rappresenterà il suo spazio prossemico, ossia quella particolare distanza mentale e relazionale che desidera avere da noi.

Facile dedurre come con i nostri amici le distanze siano molto ridotte, con il nostro partner diminuiscano fino al contatto fisico,mentre con gli estranei invece rimangano molto grandi.

Di conseguenza, dal punto di vista della comunicazione non verbale, azioni e reazioni sulla distanza sono diverse e significative a seconda che ci facciamo avvicinare o ci avviciniamo ad un uomo o ad una donna, conoscente, amico, estraneo, partner e via dicendo.

Nella prossemica l'uso dello spazio e della distanza implica un equilibrio instabile tra processi affiliativi (di avvicinamento) e processi di riservatezza (di distanziamento): abbiamo bisogno di mantenere contatti con gli altri e la vicinanza spaziale costituisce una premessa in questa direzione, ma allo stesso tempo abbiamo bisogno di definire e di proteggere la nostra privacy e la distanza fisica rappresenta una condizione importante a questo riguardo.

La regia di queste oscillazioni tra affiliazione/vicinanza e riservatezza/distanza è mediata attraverso la gestione della propria territorialità.

Per la prossemica il territorio è un'area geografica che assume risvolti e significati psicologici nel corso degli scambi comunicativi. Esistono un territorio pubblico e territorio domestico.

Il primo è dove gli individui hanno libertà di accesso, esso appare regolato da norme e vincoli ufficiali e la loro trasgressione è sanzionata.

Il territorio domestico invece è quello in cui l'individuo sente di avere libertà di movimento, nel quale prova un senso di agio e del quale possiede il controllo.

Nella prossemica la gestione del territorio comprende anche la regolazione della distanza spaziale, che rappresenta a livello di linguaggio del corpo un buon indicatore della distanza comunicativa tra le persone.

Si tende ad individuare quattro tipi di distanze interpersonali:

- Zona intima (fra 0 e 0,5 m circa): è la distanza delle relazioni intime, ci si può toccare, sentire l'odore del partner, avvertire l'intensità delle sue emozioni, parlare sottovoce;

- Zona personale (fra 0,5 e 1 m circa): è l'area invisibile che circonda in maniera costante il nostro corpo, una sorta di bolla spaziale personale la cui distanza varia da interazione a interazione, di solito amicale, nella quale è possibile toccare l'altro, vederlo in modo distinto, ma non sentirne l'odore;

- Zona sociale (fra 1 e 3,5/4 m): è la distanza per le interazioni meno personali, più formali;

- Zona pubblica (oltre i 4 m): è la distanza tenuta

in situazioni   pubbliche ufficiali   che   comporta un'enfatizzazione dei movimenti e una intensità elevata della voce.

Come si può immaginare la regolazione dello spazio assume importanti significati a livello comunicativo in quanto può favorire processi di intimità, di dominanza, di manipolazione del partner per metterlo a suo agio (o disagio).

Detto questo, sarebbe bene imparare a rispettare "le bolle" degli altri o ad invaderle consapevolmente, con l'obiettivo in questo caso di produrre un cambiamento di stato psico-fisico.

3.2 La comunicazione cinesica

La cinesica riguarda i movimenti prodotti da una parte del corpo: gli esempi di cinesica più noti sono i "gesti", ma appartengono a questa classe anche i movimenti del collo, del tronco, del naso (es. un arricciamento), della bocca, dei piedi (ad esempio, pestarsi i piedi, artigliare le dita, sollevare i talloni, ecc.), delle dita o delle gambe, degli occhi.

Buona parte dei movimenti cinesici sono involontari e legati all'emozione che si prova al momento; altri accompagnano il discorso, lo sostituiscono, lo completano, ad esempio come disegnare nell'aria una siluette di una donna formosa o, nel puntualizzare qualcosa, fare un gesto simile all'Ok, muovendo la mano in verticale.

Alcuni comportamenti cinesici hanno la funzione di regolare il flusso della conversazione, possono ad esempio indicare di ampliare quanto dice, di cambiare discorso, di ripetere, di affrettarsi, di passare la parola e tanto altro ancora.

Ad esempio, l'interlocutore può annuire e in questo modo da dimostrazione a chi parla di essere seguito, se però fa lo stesso gesto velocemente e ripetutamente é come se gli dicesse " muoviti che voglio prendere il mio turno di conversazione".

Spesso in questo caso, per limare l'effetto della

sollecitazione ad affrettarsi, chi ascolta fa spesso, contemporaneamente, un sorriso.

La richiesta di prendere il turno di conversazione può essere indicata anche da altri comportamenti: prendere fiato, guardare in modo prolungato l'emittente, schiudere le labbra e produrre suoni vocali, spostare il busto in avanti, sollevare un dito.

Vi é una stretta relazione tra certi comportamenti cinesici e il modo di parlare.

Questi segnali, detti regolatori, sono accompagnati da espressioni vocali, detti *tratti prosodici*, che riproducono il messaggio prodotto con il gesto: se si alza il tono della voce, le palpebre, la mano o la testa si sollevano.

I movimenti di conclusione e le variazioni tonali di conclusione si modificano nello stesso senso:
- Chi parla abbassa il tono e un segmento del corpo al termine di una domanda.

- L'emittente aumenta il tono e solleva una parte del

corpo al termine di una domanda.

- Nel pronunciare una sequenza di frasi, il parlante tiene in tensione una parte del corpo (ad es. il tronco) e tono ad uno stesso livello finché non ha concluso la prima frase del discorso.

Una sequenza coordinata di frasi (detti tecnicamente "enunciati") costituisce per lo psicologo Albert Scheflen un *Punto Linguistico*.

Nel realizzare un Punto, la testa, gli occhi, vengono mantenuti in una data posizione fino a che l'espressione verbale non é completata.

Il volto é diretto verso l'ascoltatore e la voce é proiettata verso quest'ultimo.

In questo modo, la comunicazione che definisce la durata del punto, serve anche a selezionare l'ascoltatore. Se esistono più ascoltatori la testa non é tenuta rigida, ma oscilla lateralmente come una specie di faro. Quando chi parla ha terminato l'unità, abbassa la testa o gli occhi o le mani o può giungerle in grembo.

Le unità puntuali sono raccolte in insiemi più ampi, chiamati Posizioni.

Una posizione é un'unità comunicativa che contempla più attività simultanee.

In essa chi parla orienta il corpo intero verso l'ascoltatore, mentre fa questo può contrassegnare le unità puntuali con movimenti di mani, occhi e testa e nello stesso tempo può orientare le gambe in modo da includere nell'interazione una terza persona. La Posizione é mantenuta finché il discorso non viene completato.

Se chi parla viene interrotto mentre intende dire qualcosa in genere manterrà inalterata la posizione del suo corpo, indicando così l'intenzione di riprendere il discorso. Gli atteggiamenti descritti possono anticipare l'intenzione di parlare.

La direzione dello sguardo é modificata in relazione alla struttura della conversazione:

- Si alza lo sguardo brevemente nelle pause grammaticali;
- Al completamento delle espressioni si da un'occhiata prolungata;
- Si possono abbassare gli occhi al completamento di una frase.

Mentre il terzo comportamento é un puro gesto di regolazione, i primi due servono a chi parla anche per accertarsi che l'ascoltatore lo segua.

Questi comportamenti non sono intenzionali e, pur se appresi, in una conversazione se ne può percepire l'assenza, ma generalmente non si prende atto della loro presenza.

Tornando ad un discorso più generale, definiamo quali sono le categorie in cui sono suddivisi i segnali cinesici. Per farlo ci affidiamo alla classificazione messa a punto da due dei più eminenti studiosi sul comportamento cinesico, Paul Ekman e Erik Friesen.

Questi ricercatori propongono cinque categorie:

1) **Emblemi**;
2) **Illustratori**;
3) **Affect-display**
4) **Regolatori**;
5) **Adattatori**

La prima categoria, quella degli Emblemi definisce atti non verbali che hanno una traduzione verbale immediata, conosciuta e condivisa dai membri di un gruppo, di una classe, di una cultura: hanno un significato concordato.

Solitamente la loro funzione è quella di ripetere o sostituire il discorso che accompagnano.

Gli emblemi possono prendere il posto delle parole qualora non si riesca a parlare a causa del rumore, dalla distanza, da condizioni organiche (mutismo) o dalle convenzioni.

Gli emblemi sono prodotti consapevolmente e costituiscono uno sforzo intenzionale e deliberato di comunicare.

Questi gesti sono appresi nell'ambito di una data cultura.

Agli emblemi appartengono il gesto di fare le corna, il battere la tempia per indicare che qualcuno é strano, il ruotare l'indice nella guancia per esprimere l'idea di un cibo particolarmente gustoso e via dicendo per tantissimi altri segnali.

Poiché ci troviamo di fronte ad una categoria che ricomprende dei gesti appresi in uno specifico ambito culturale, occorre porre una considerevole quantità di attenzione quando si usa un gesto codificato in un paese diverso dal proprio.

I gesti Illustratori invece sono direttamente collegati al discorso e servono ad illustrare ciò che viene detto. Gli illustratori solitamente vengono prodotti in contemporaneità con il discorso.

Possiamo distinguere sei tipi di illustratori:

- bacchette: si tratta di movimenti che battono il tempo, accentuando e enfatizzando particolari parole o frasi;
- movimenti ideografici: sono segnali che indicano la direzione del pensiero (ad esempio, muovere la mano davanti alla fronte per esprimere l'idea di esse storditi)
- movimenti deiettici: indicano qualcosa o qualcuno che si trova davanti o attorno a noi (un gesto deittico é puntare con l'indice qualcosa su cui vogliamo richiamare l'attenzione o che é oggetto del nostro discorso);
- movimenti spaziali: descrivono una relazione spaziale (ad esempio, nel descrivere la dinamica di un incidente potremmo far sbattere davanti a noi i palmi delle mani per rappresentare la collisone delle automobili).
- movimenti cinetografici: sono movimenti che illustrano un'azione del corpo (ad esempio, per esprimere l'idea di avere respinto qualcuno possiamo rappresentalo portando effettivamente le mani davanti a noi muovendoci come se stessimo spingendo);

- movimenti pittografici: delineano una silhouette di ciò a cui ci si sta riferendo (ad esempio, quando si traccia una linea curva nell'aria con entrambe le mano per indicare una forma umana).

Gli illustratori sono prodotti in modo consapevole e intenzionale e sono solitamente informativi, nel senso che forniscono un significato decodificato condiviso e collegato all'espressione verbale.

Gli affect-display (o dimostratori di emozioni) sono movimenti dei muscoli facciali e corporei in associazione alle emozioni primarie (Sorpresa, Paura, Collera, Disgusto, Tristezza e Felicità).

Numerose ricerche hanno dimostrato che le espressioni del viso comunicano in modo efficace ciò che la persona prova in quel momento, mentre i movimenti del corpo fanno capire quant'è l'intensità dell'emozione.

E' possibile controllare consapevolmente l'espressione facciale, essa quindi non risulta essere una fonte attendibile di informazioni sullo stato emotivo mentre invece risulta molto più difficile controllare gli affect-display corporei.

Gli affect-display possono essere collegati al

comportamento verbale ripetendo, qualificando o contraddicendo un'emozione espressa verbalmente.

I Regolatori sono azioni che mantengono e regolano l'alternarsi dei turni di conversazione (cioè dei momenti in cui si prende o si passa la parola) nella conversazione. I regolatori Sono eseguiti in maniera inconsapevole e abituale, secondo delle regole apprese anch'esse in modo inconscio.

Gli Adattatori sono l'ultima categoria proposta da Ekman e Friesen.

Gli autori ipotizzano che tali movimenti siano stati appresi originariamente come sforzo di adattamento per soddisfare bisogni psichici o fisici o per esprimere emozioni atte a mantenere o sviluppare contatti personali.
Nell'adulto questi comportamenti sono messi in atto in forma stilizzata e parziale.

Alcuni adattatori sono appresi con l'esperienza individuale e per questo motivo i significati collegati sono idiosincratici, cioè estremamente personali.

Gli adattatori sono inconsci, legati all'abitudine e privi di intenzioni comunicative.

Si possono distinguere tre sottocategorie: gli "autoadattatori", gli "eteroadattatori" e gli "oggettoadattatori".

Gli "autoadattatori" sono movimenti prodotti sul proprio corpo, un adattatore molto noto è il portare la mano alla bocca.

Gli "eteroadattatori" sono eterodiretti, cioè sono indirizzati verso un'altra persona.

Gli "oggettoadattatori" riguardano un'azione prodotta su oggetti a portata di mano.

4. L'assertività

Nel rapporto con i clienti, ma anche nella normale vita relazionale al di fuori dell'ambito lavorativo, diviene importante la nostra modalità di rapportarci agli altri.

La modalità ottimale di rapportarsi alle persone con le quali ci troviamo giocoforza a dover comunicare sarebbe quella assertiva.

Questo purtroppo non avviene quasi mai nella quotidianità del nostro relazionarci agli altri e difatti spesso ci troviamo a dover fronteggiare con difficoltà scontri, incomprensioni, litigi, sia nell'ambiente domestico che in quello lavorativo ed amicale.

Alberti e Emmons (1999) propongono questa definizione di assertività: «Un comportamento assertivo promuove l'uguaglianza nei rapporti umani, mettendoci in grado di agire nel nostro migliore interesse, di difenderci senza ansia, di esprimere con facilità e onestà le nostre sensazioni, di esercitare i nostri diritti senza negare quelli degli altri».

L'assertività è la capacità del soggetto di utilizzare in ogni contesto relazionale, modalità di comunicazione che rendano altamente probabili reazioni positive dell'ambiente e annullino o riducano la possibilità di reazioni negative.

Riuscire a comunicare in modo assertivo non è semplice. L'assertività oltre che un metodo di comunicazione è soprattutto una maniera di rapportarsi all'altro.

Per comunicare in maniera assertiva bisogna basarsi su alcuni assunti fondamentali:

Un comportamento partecipe di tipo attivo, scevro da atteggiamenti "reattivi" o peggio, aggressivi, alle affermazioni o agli atteggiamenti dell'altro che non siano di nostro gradimento;

Un atteggiamento caratterizzato da piena fiducia in sé e negli altri;

Una chiara e limpida manifestazione di se stessi, che porti ad esprimere e sostenere le proprie opinioni ma senza la negazione o la prevaricazione di quelle altrui;

Un atteggiamento mentale libero da stereotipi e pregiudizi privo di posizioni che vogliano imporre all'altro le proprie idee e posizioni;

La capacità di esprimere i propri sentimenti in maniera

chiara e diretta ma non minacciosa o aggressiva.

La comunicazione assertiva presuppone dunque l'acquisizione di una buona capacità di ascolto, cioè l'imparare a porre attenzione non solamente alla semplicità delle parole in quanto tali, quanto piuttosto il riuscire a "leggere" anche il contenuto emotivo in sito nella comunicazione veicolata da chi ci sta trasferendo il messaggio comunicativo.

Assieme a questo, altro aspetto fondamentale nel rapporto con i clienti è il nostro comportamento verbale, che deve essere sempre veicolato in maniera da evitare giudizi, cercando sempre di non imporsi e non imporre nostre scelte o, appunto, nostri giudizi che porterebbero il nostro interlocutore in una posizione di difesa e quindi di chiusura rispetto al processo comunicativo.

Emerge chiaramente da quanto sinora esposto quanto sia importante cercare di iniziare, stabilire e soprattutto mantenere una comprensione reciproca che ci permetta di migliorare il nostro stile comunicativo e la nostra capacità di porci nei confronti del nostro interlocutore.

I punti cardine di questo percorso sono individuabili nei

concetti di discriminazione, empatia ed espressività.

La discriminazione è la capacità di analizzare e capire i nostri stati mentali e quelli di chi ci sta di fronte;

L'empatia, come già in precedenza esposto, è la capacità di capire i messaggi emotivi e razionali trasmessici dal nostro interlocutore; L'espressività è la capacità di far comprendere all'altro le nostre emozioni.

L'espressività è di fondamentale importanza nel processo comunicativo.

La persona dotata di una buona capacità espressiva, infatti, non solo riesce a far comprendere agli altri in maniera ottimale i propri pensieri e le proprie emozioni, ma è in grado di capire e rispecchiare le emozioni del proprio interlocutore, riuscendo così a dirgli nel modo più efficace: «Io ti comprendo».

5. Le diverse modalità di relazionarsi all'altro

In linea di massima possiamo riscontrare tre diverse modalità di relazionarsi con l'altro all'interno del processo comunicativo. Queste forme possono essere la modalità simmetrica, quella complementare e quella metacomplementare.

La modalità comunicativa di tipo simmetrico è basata sull'uguaglianza.

In essa, chi comunica, sente che l'altro non gli è superiore o inferiore. E' il caso questo delle comunicazioni tra colleghi di lavoro o amici.

Al contrario di questa la comunicazione complementare è invece basata sulla disuguaglianza, sulla manifesta (e accettata da entrambi gli interlocutori) differenza di "potere" tra le persone impegnate nel processo comunicativo. E' questo il caso del rapporto col capoufficio, ma anche del rapporto tra guidatore e forze dell'ordine ai posti di blocco o ancora del rapporto tra genitori e figli.

Essendoci differenza di potere in questa modalità comunicativa noteremo che chi ha più "forza" all'interno della relazione imporrà all'altro i tempi ed i ritmi della discussione, quindi quanto ascoltare, se e quando intervenire per esporre il proprio punto di vista, nonché il potere di imporre a chi sta in posizione di inferiorità le proprie decisioni.

Nell'ultimo caso, quella della relazione metacomplementare, troviamo una alternanza tra le persone impegnate nel processo comunicativo nell'occupare a volte il ruolo di dominante del processo ed a volte quello di dominati. Siamo nel caso in cui entrambi gli interlocutori si riconoscono un rispetto reciproco, e nel quale ognuno permette all'altro di dominare la situazione comunicativa quando gli riconosce maggiore competenza in quel determinato ambito per diventare poi a sua volta dominante del processo quando si trova ad affrontare temi nel quale egli è maggiormente esperto.

L'ambiente lavorativo come luogo del rapportarsi all'altro è un ecosistema comunicativo tanto vitale quanto delicato che non sfugge alle regole ed alle modalità comunicative finora esposte.

E' quindi importante soffermarsi a pensare al come ci

rapportiamo con ognuno dei nostri clienti.

I linguaggi che veicolano i messaggi portano in sé importanti significati dal punto di vista relazionale, che vanno a trascendere il semplice contenuto di quanto viene espresso per arrivare a trasmettere ai partecipanti al processo comunicativo il significato profondo che l'uno ha per l'altro.

6. Porre domande e ascoltare risposte

Porre domande in generale non è facile. Se ne rendono conto ogni giorno medici, genitori, insegnanti professionisti quando vogliono approfondire un atteggiamento a loro non chiaro, quando vogliono aiutare un cliente a risolvere un problema o ad esplicitare meglio un bisogno.

Appare quindi chiaro che nel porre domande occorre prestare molta attenzione non solo al "cosa" si chiede ma soprattutto al "come" lo si chiede.

Porre una domanda è un segnale di apertura, una disponibilità a fornire un aiuto, ma può facilmente trasformarsi in un'intrusione nei sentimenti profondi dell'altro e ingenerare una chiusura ed un conseguente rifiuto al dialogo.

Punto fondamentale nel porre domande al cliente è avere una idea di ciò a cui vogliamo giungere, tenendo ben presente le caratteristiche della persona che abbiamo di fronte e cosa tale persona si aspetta da noi.

L'aspetto principale da valutare nel porre domande sta innanzitutto nel cercare di capire se chi ci sta di fronte è disposto ad aprirsi e condividere con noi la sua esperienza.

Una volta instaurata la comunicazione risulta molto importante il come si pongono le domande, soprattutto per evitare, come già accennato, atteggiamenti di chiusura.

Dobbiamo porre attenzione, in certi casi, a non porre subito domande dirette e mirate verso un problema che "noi pensiamo che lui abbia"... ricordiamoci sempre che il nostro non è un interrogatorio di polizia!

Altro aspetto rilevante è il non generalizzare nostre

esperienze, o notizie giunte dal "sentito dire di amici e parenti" all'esperienza della persona che ci sta di fronte. Le nostre esperienze, il come le abbiamo vissute ed affrontate rimangono nostre, un altro, le vivrà in maniera del tutto differente, basandosi sul suo vissuto esperienziale, sulla scorta delle sue esperienze precedenti, sul suo sentimento verso l'avvenimento.

Nel porre quesiti durante un dialogo su temi particolari o nel quale stiamo cercando di capire la problematica che il cliente sta in quel momento vivendo, quel che conta davvero, è la **forma delle domande**, ovvero quello che stiamo cercando, la nostra intenzione, ciò a cui noi vogliamo arrivare.

Ogni ulteriore domanda successiva alla prima dovrebbe essere basata soprattutto su ciò che il cliente ci risponde, cercando di "leggere tra le righe" di ciò che ci ha detto, andando ad approfondire i singoli elementi della frase che ci sembrano più significativi, cercando di "Aprire" le porte comunicative che questi, con la sua risposta, ci sta mostrando, evitando in ogni modo di cercare di"forzare" le porte che invece egli sta volutamente lasciando chiuse.

E' infatti importantissimo non solo pensare a che domande porre ma anche capire, e capire bene, cosa ci viene risposto. Mentre ascoltiamo dobbiamo chiederci: Siamo sicuri di aver capito bene le sue intenzioni e ciò che sta cercando di dirci?

Ascoltare vuol dire, prima di tutto, mettersi nei panni degli altri. Capire le cose dal loro punto di vista. Ma ascoltare è anche riuscire a "capire" qualcosa che una persona in realtà non ci voleva dire ma che ha comunque comunicato con i suoi atteggiamenti, col suo "linguaggio non verbale".

Nel meccanismo del "porre le domande" è ovviamente di pari importanza "l'ascoltare le risposte" che giungono alle nostre domande.

L'ascolto che prestiamo si può esprimere in tantissimi modi.

L'ascolto può essere di tipo passivo, cioè ascoltare in silenzio, anche se ovviamente possiamo far capire all'altro le nostre sensazioni con un aggrottamento della fronte, con un sorriso ecc.

Un ascolto di questo tipo è molto importante per permettere al nostro interlocutore di esprimere in maniera libera e non vincolata le sue emozioni, avendo tutto il tempo di pensare a cosa dire, di ragionare su cosa ha detto e sulle sensazioni che in quel momento sta provando.

Ad un ascolto di tipo passivo si possono ben associare le cosiddette "frasi invito", che sono utili ad invitare il cliente a proseguire, è il caso di frasi tipo "capisco…", "certo…", "si?…".

Altre domande, che però sono più direttive e ci portano già a sondare verso una direzione o una idea presente nella nostra mente sono domande quali "allora…raccontami un po' cosa è successo..", oppure "Ma te cosa ne pensi di…" o ancora "parla pure, ti ascolto…".

In questa maniera il nostro interlocutore sente di essere libero di esprimersi, avverte l'empatia di chi gli sta di fronte, coglie la voglia dell'altro di capire realmente quello che lui sta provando senza riceverne la sensazione di sentirsi rimproverato, consigliato, minacciato o, ancora peggio, giudicato.

Altra modalità di ascolto è quella attiva. L'ascolto attivo consiste nel cercare di capire e interpretare quello che il l'altro sta cercando di dirci, cercando però di "riproporgli" quanto lui ci ha detto in parole nostre, ripresentandogli cioè quanto in realtà noi abbiamo percepito e capito di quanto lui ci ha detto. In questo modo il cliente riceve un feedback immediato sull'argomento della discussione e sui sentimenti che ci stava verbalizzando.

7. Gestire le conflittualità

Solitamente, per abitudine, per cultura, per formazione fornitaci nei vari gradi scolastici da noi attraversati, siamo portati a vedere nel conflitto, nella contrapposizione di posizioni e di idee un qualcosa di negativo, un qualcosa da evitare e da sopprimere. In realtà il conflitto va affrontato.

Il conflitto è utile se ne sappiamo sfruttare in maniera positiva le energie che se ne sprigionano, incanalandole in maniera tale che risultino utili alla risoluzione del problema che sta alla base del conflitto stesso.

Il conflitto in sé però, per essere affrontato va prima di tutto riconosciuto come tale. Uno stato di conflitto, in linea di massima, può essere definito come l'esistenza di un problema al quale si accompagna una certa dose di disagio.

Il conflitto implica una relazione. Non essendo soli al mondo, ci troviamo giocoforza a doverci relazionare, con i nostri familiari, con i compagni di scuola prima ed i colleghi di lavoro poi, con gli amici, i nemici e, per tutta la durata della vita, con noi stessi.

Il conflitto, come la relazione, muta costantemente nel tempo e si compone sia di un aspetto personale, consistente nella maniera con la quale viviamo dentro di noi la fase conflittuale, sia di un aspetto sociale, cioè del come il conflitto viene affrontato sia dalle persone con le quali in conflitto è in atto che anche da tutti coloro che, a vario titolo vi hanno a che fare.

Come affermato poco sopra, il conflitto è definibile come una problematica alla quale si accosta una determinata quantità di disagio.

Possiamo includere all'interno delle problematiche tutte quelle particolari situazioni che, nel percorso di una relazione interpersonale, vengono vissute da uno dei partecipanti come fase di divergenza, di scontro, di incompatibilità, di incomprensione con e dell'altro, senza che alle problematiche suddette venga necessariamente associata una qualche forma di disagio.

Il problema relazionale si configura quindi come un qualcosa di diverso, qualcosa di altro dal conflitto. Infatti, per passare da una situazione di problematica relazionale ad una di vero e proprio conflitto, occorre che il problema all'interno della relazione interpersonale sia accompagnato da una sensazione di disagio.

Per disagio si intendono in questa trattazione una serie di emozioni, di sensazioni, di sentimenti negativi, che vengono percepiti da chi li sta vivendo come fonte di sofferenza e di dolore, come un qualcosa "dal quale liberarsi". Il disagio che si vive nella situazione di conflitto è quindi inquadrabile come un disagio di tipo psicologico.

Il conflitto fa da sempre parte della vita degli esseri umani e risulta quindi di fondamentale importanza riuscire a gestirlo al meglio, possibilmente in maniera positiva.

Per poter gestire positivamente le fasi di conflitto con l'altro occorre innanzitutto riuscire a gestire la componente relativa al disagio che il conflitto in atto porta con sé. La gestione del disagio legata al conflitto risulta infatti difficoltosa e questo deriva dal fatto che abbiamo paura dei conflitti perché temiamo il disagio che a questi ne consegue, temiamo la sofferenza, l'ansia, il dolore ad esso associati.

Il conflitto non va soppresso o evitato ma deve invece accettato, va fatto emergere per poterlo coscientemente affrontare, cercando di gestirlo in maniera costruttiva.

Nella discussione relativa al conflitto in corso il disagio non va soppresso o nascosto ma esposto e anche questo va discusso.

Chi ci sta di fronte deve sapere che emozioni le sue posizioni ci stanno creando, questo porterà ad una maggiore comprensione dei sentimenti e dei vissuti nostri da parte dell'altro e ad una sempre maggiore abitudine alla gestione positiva del conflitto visto come momento positivo di confronto e di dialogo piuttosto che come fase negativa di contrapposizione e di scontro.

La gestione positiva dei momenti di conflitto è importante anche per la gestione in generale della relazione con la persona con la quale stiamo vivendo un conflitto succitato.

La gestione positiva risulta di fondamentale rilevanza perché, se ci si trova in uno stato di disagio causato da un conflitto, si sarà portati ad essere più aggressivi, più nervosi, più irritabili, più ansiosi, trovandosi di conseguenza in una situazione dove si tenderà a vedere i problemi in un'ottica prevalentemente negativa e questi problemi, a loro volta, tenderanno ad acuire l'iniziale stato di disagio creando una sorta di escalation negativa molto pericolosa per il futuro della relazione con la persona con la quale il conflitto è in atto.

Questa spirale ci porta ad una conseguenza che a primo impatto pare logica e che comunemente viene utilizzata proprio per gestire l'ansia causata da uno stato di conflitto: si arriva ad affrontare il problema per tenere sotto controllo o allentare lo stato di disagio. Se si volesse gestire in maniera positiva il conflitto invece, andrebbe affrontato il disagio causato dal conflitto discutendone le emozioni in modo appunto da dirimere il problema.

Nella società moderna, troppe volte demandiamo la responsabilità dei nostri conflitti a degli specialisti; da una parte se ne occupano gli psicoterapeuti o altre figure professionali (questo può andar bene se si indaga sul passato e l'eziologia del conflitto è interna più che esterna), dall'altra ci si libera dei conflitti affidandoli ad avvocati (questo può andar bene se si cerca di ottenere il miglior guadagno economico possibile).

Demandando ad altri il problema in realtà non apportiamo alcuna crescita, ma solo blocchi e "false" soluzioni. Chi, più delle parti in causa, ha una precisa conoscenza del conflitto e delle circostanze che lo hanno causato, nonché delle strategie per poterlo fronteggiare?

Le soluzioni autoritarie, impositive, in parte "elidono" o meglio "mascherano" il problema, venendo a soffocare istanze o richieste, andando però a creare una situazione contraria a quella che ci si era prefissi di ottenere: verrà infatti ad aumentare e crescere la carica negativa che si situava entro il conflitto iniziale. Il conflitto quindi prima o poi riemergerà (forse modificato) da qualche altra parte.

L'obiettivo principale diventa quindi quello di rendere i soggetti protagonisti principali delle proprie scelte future. Questa scelta richiede il non decidere per gli altri: gli antagonisti devono trovare essi stessi, per loro stessi, la soluzione ai propri problemi, svincolandosi soprattutto dalle imposizioni forzose.

Senza bisogno di addentrarci nello specifico delle tecniche di mediazione, possiamo limitarci nel nostro piccolo ad alcuni semplici ma utili atteggiamenti per cercare di gestire al meglio una fase conflittuale che per qualunque motivo si venga a creare nel rapporto con la clientela.

Punto principale nella gestione di un conflitto è rappresentato dalla gestione della rabbia. Spesso la rabbia ci fa parlare senza aver ragionato in maniera adeguata e troppo facilmente ci porta a fare affermazioni che, subito dopo espresse, ci rimangeremmo volentieri.

Il problema della rabbia sta soprattutto nel fatto che essa, accumulata magari per molto tempo a causa di avvenimenti precedenti, viene di colpo ad esplodere con una forza della quale noi stessi ci spaventiamo, portandoci ad affermazioni molto forti e di difficile soluzione, soprattutto perché troveremo difficile il ritrattare a freddo cose pesanti dette precedentemente, anche per lo stato d'animo che quanto verbalizzato avrà nel frattempo procurato nel nostro interlocutore.

Nel caso di un cliente (o un collega) particolarmente arrabbiato possiamo utilizzare diverse semplici modalità per cercare di calmarlo, facendo ovviamente attenzione a tenere sotto controllo la situazione.

Si può infatti, all'interno della discussione con una

persona particolarmente alterata, inserire una sorta di diversivo.

Esso può essere costituito dall'uso della cordialità invece che dal sollevare il nostro tono di voce, ma non solo. Molto utili risultano anche la franchezza e l'umorismo, soprattutto per cercare di sdrammatizzare la discussione, senza ovviamente sminuire o svilire quanto chi ci sta di fronte sta dicendo o, per altro verso, abbandonare le nostre posizioni nella discussione.

Altro punto molto importante e troppo spesso sottovalutato nelle discussioni consiste nel far presente all'altro che, nonostante siano arrabbiati, apprezziamo il fatto che stiano discutendo con noi e che ci stiano esponendo il loro punto di vista (o anche il loro disappunto) perché questo è un segnale di una buona disponibilità al dialogo e teso quindi alla ricerca della soluzione del problema.

8. Il gruppo di lavoro e le situazioni di conflitto

"Gli individui che hanno motivazioni, privazioni o frustrazioni comuni tendono, assai frequentemente, ad interagire fra loro. Se i motivi comuni non sono diretti a fini il cui raggiungimento da parte di uno precluda quello di altri, l'interazione tende a persistere per un certo periodo di tempo, e nel corso di questa interazione le posizioni sociali e i ruoli assumono valori differenziati. Col tempo i rapporti tendono a divenire stabili [...]. Il fatto che si instauri un rapporto di status e di ruolo costituisce il sistema dell'organizzazione o struttura del gruppo. Nel momento in cui si attua la struttura del gruppo, si formano anche delle norme comuni [...]"

Sherif, 1967, Tajfel (1981)

Ciò che definisce un gruppo, indipendentemente dalle sue dimensioni è l'autocategorizzazione, il fatto cioè che l'individuo si sente parte di esso.

L'autocategorizzazione Si basa su tre componenti:

Cognitiva: sapere di appartenere ad un gruppo;

Valutativa: il gruppo e la propria appartenenza ad esso è connotata positivamente o negativamente;

Emozionale: gli aspetti cognitivi e valutativi sono accompagnati da sentimenti ed emozioni.

L'analisi delle dinamiche presenti all'interno dei gruppi non può ovviamente prescindere dalla figura fondamentale, che ritroveremo successivamente nella trattazione del bullismo e cioè il leader.

Il leader è colui che mostra più iniziativa nel dirigere, suggerire, consigliare, proporre idee rispetto agli altri membri del gruppo; occupa una posizione elevata nella gerarchia di status e ricopre una posizione centrale nella rete di comunicazione. Relativamente alla figura del leader possiamo individuare dei tratti tipici(Stodgill,1948; Stodgill,1974; Lord, 1986; Kirkpatrick e Locke, 1991...) che sono:

Intelligenza

Vigilanza

Intuizione

Socievolezza

Mascolinità

Dominanza

Onestà

Originalità nel problem solving

Propensione alla responsabilità

Propensione all'esecuzione del compito

Tenacia nel perseguire gli obiettivi

Originalità nell'affrontare i problemi

Tendenza a prendere l'iniziativa

Fiducia in sé

Capacità di tollerare le frustrazioni

Abilità nell'influenzare gli altri

Ovviamente i leader, sia nei gruppi adolescenziali così come negli uffici o nelle aziende non sono tutti uguali e non tutti controllano il gruppo con la stessa modalità. Possiamo quindi individuare diverse tipologie di leadership *(Lewin, Lippitt e White 1939)* distinguibili in:

Leadership autocratica: il leader autocratico organizza e dirige le attività, tende ad inibire le comunicazioni nel gruppo e a coinvolgere poco i membri;

Leadership democratica: il leader democratico discute col gruppo le decisioni e le attività, è amichevole e disponibile, rende partecipativi i membri del gruppo;

Leadership permissiva o laissez faire: il leader permissivo interviene poco nelle attività di gruppo lasciandolo libero di agire;

Leader socioemozionale: presta attenzione ai sentimenti dei membri del gruppo; è teso ad assicurare armonia nel gruppo;

Leader centrato sul compito: concentrato sulla realizzazione del compito e sull'organizzazione del lavoro di gruppo;

I due ruoli sono complementari e difficilmente possono essere svolti dalla stessa persona.

8.1 Stadi dello sviluppo di gruppo

Tuckman (1965), Tuckman & Jensen (1977) Indicano nei loro studi le seguenti fasi che sottendono allo sviluppo dei gruppi:

Stadio di FORMING (formazione)

Stadio di STORMING (di conflitto)

Stadio di NORMING (normativo)

Stadio di PERFORMING (di prestazione)

Stadio di ADJOURNING (di sospensione)

Analizziamo in modo più approfondito i punti sopra descritti:

Stadio di FORMING (formazione)

È lo stadio in cui i membri fanno la reciproca conoscenza ed iniziano a prendere confidenza con il compito che il gruppo dovrà affrontare. Un gruppo nella fase iniziale della sua storia produrrà poco perché tutti i membri saranno intenti a fare conoscenza.

Stadio di STORMING (di conflitto)

È lo stadio in cui emergono i conflitti e le differenze individuali e si manifesta la competizione per lo status e per l'assunzione dei ruoli.

Stadio di NORMING (normativo)

È lo stadio in cui i conflitti vengono risolti mediante la creazione e l'accettazione di norme di gruppo, atteggiamenti e definizioni di ruolo condivise. Durante questa fase si sviluppa e consolida una "cultura di gruppo", precondizione indispensabile affinché si sviluppino regole condivise e un metodo di lavoro comune.

Stadio di PERFORMING (di prestazione)

È lo stadio in cui si individua un modello stabile di relazioni interpersonali e di funzioni legate al compito che consentono al gruppo di affrontare le sue normali attività e di sviluppare operatività, decisionalità e produttività.

Stadio di ADJOURNING (di sospensione)

È lo stadio in cui ciascuno comincia gradualmente a

ritirarsi sia dalle attività socioemozionali sia da quelle centrate sul compito. In questa fase di disimpegno progressivo i membri cercano di fronteggiare l'approssimarsi della fine del gruppo.

Relativamente ai processi psicologici che stanno alla base della socializzazione dei gruppi (Moreland e Levine, 1982) individuano i seguenti:

Valutazione

Il gruppo valuta gli individui nei termini del contributo che possono offrire per il raggiungimento dei suoi obiettivi.

L'individuo valuta il gruppo nei termini di quanto esso può contribuire al soddisfacimento dei suoi bisogni.

Impegno

Quanto più aumenta la percezione di remuneratività reciproca, tanto più il gruppo e l'individuo si sentiranno impegnati reciprocamente.

Transizione di ruolo

Quando l'impegno reciproco aumenta o diminuisce, le

relazioni tra l'individuo e il gruppo si modificano, così come le aspettative reciproche.

Così come si entra nel gruppo allo stesso modo se ne può uscire. L'uscita di membri dal gruppo può avvenire per:

- Decisione autonoma dell'individuo;

- Allontanamento o estromissione da parte del gruppo

- Esaurimento del compito del gruppo;

- Esaurimento della condizione che rendeva l'individuo membro del gruppo:

- Per conclusione dell'iter di appartenenza

- Perché l'individuo non si riconosce più nel gruppo

- Perché il livello di impegno non è più sufficiente

8.2 Forze centripete e centrifughe nel gruppo

Le forze centripete

Le forze centripete sono quelle che tendono a spingere le persone ad aggregarsi in gruppo o comunque a non uscire da esso.

Mucchi e Faina (Mucchi Faina, 1996) elencano i seguenti motivi che tendono ad uniformarsi all'influenza della maggioranza:

La compiacenza: i soggetti danno risposte pubbliche conformi alla maggioranza per non apparire diversi dal gruppo, per non essere giudicati male dagli altri;

L'accettazione: l'individuo, pur sapendo che esiste una discrepanza fra il proprio giudizio interiore e quello della maggioranza, sceglie di adeguarsi per timore di sbagliare;

La convergenza: poiché opporsi ad una maggioranza concorde rappresenta per l'individuo un'esperienza sgradevole e stressante, egli arriva a convincersi che la posizione della maggioranza è corretta.

Le forze centrifughe

A differenza delle forze centripete, che tendono ad aggregare il gruppo, quelle centrifughe sono le forze che portano il gruppo alla scissione o alla disgregazione.

Queste forze sono:

La devianza

Deviante è l'individuo che nel gruppo propone posizioni diverse da quelle della maggioranza e che può essere percepito come una minaccia per la coesione e l'uniformità del gruppo stesso

Il gruppo può tentare di convertire l'individuo alle posizioni della maggioranza, ma se il tentativo fallisce il deviante viene allontanato o emarginato dal gruppo (Schachter, 1951).

Il comportamento del gruppo nei confronti del membro deviante varia a seconda della fase di sviluppo in cui si trova il gruppo nel momento in cui si presentano posizioni divergenti (Worchel et al., 1991).

Nella **fase dell'identificazione** vi è una certa resistenza alla devianza interna, poiché il gruppo ha bisogno di costituire una sua coesione ed identità.

nella **fase della produttività**, quando il gruppo è più consolidato e lavora sugli obiettivi, le posizioni devianti vengono prese in considerazione, soprattutto se riguardano il compito.

Nella **fase dell'individuazione** i membri sono molto ricettivi e le posizioni di minoranza vengono valorizzate.

Il comportamento del gruppo nei confronti dell'individuo deviante varia a seconda che esso appartenga ad un gruppo chiuso o aperto (Moscovici e Doise, 1991).

Il gruppo nel suo complesso può attuare diverse reazioni rispetto al fenomeno della devianza di un suo membro (sono reazioni diverse da quelle attuate della società rispetto al deviante).

Rifiuto esplicito o totale: ciò che afferma il deviante non è attendibile;

Rifiuto parziale: ciò che afferma il deviante è vero ma è meglio non parlarne per non perdere credibilità;

Disconferma: il deviante viene ignorato dal gruppo;

Ridicolizzazione: il deviante è un soggetto patetico su cui si scherza;

Naturalizzazione: il gruppo si immunizza contro i devianti rovinando la loro credibilità, attribuendo l'origine delle loro opinioni a caratteristiche "naturali".

8.3 Il conflitto nei gruppi

All'interno dei gruppi la situazione che porta alla nascita di un conflitto è determinata dall'esistenza di opinioni differenti o da una scarsità di risorse che non possono essere equamente distribuite fra i membri.

I gruppi attuano vari tipi di meccanismi quando al loro interno si verifica la nascita di un conflitto e ciò ovviamente col fine di preservare l'integrità del gruppo.

I meccanismi di difesa dal conflitto interno che si possono osservare all'interno dei gruppi sono di norma i seguenti:

Evitamento del conflitto: intervento preventivo volto ad impedire la comparsa del conflitto o a bloccarlo prima che diventi saliente per il gruppo;

Riduzione del conflitto: intervento atto a ridurre o eliminare un conflitto già esistente;

Creazione del conflitto: produzione intenzionale del conflitto o esacerbazione di conflitti già esistenti.

Quando il conflitto non appare sanabile, all'interno del gruppo si osserva uno scisma.

Lo scisma è definibile come un processo di divisione di un gruppo in sottogruppi che porta alla secessione finale di almeno uno dei sottogruppi dal gruppo originario (Sani e Reicher, 1998).

Il processo scismatico ha inizio quando compaiono delle differenze cruciali nelle posizioni sostenute da due o più sottogruppi, che si accusano a vicenda di modificare elementi fondamentali dell'identità intragruppo.

Altre spinte al processo scismatico potranno provenire

da:

-percezione di una minaccia all'identità di gruppo;

-percezione di una mancanza di "entitatività" (compattezza e coerenza interna);

-accentuazione delle differenze fra i sottogruppi avversi e delle somiglianze fra i membri di uno stesso sottogruppo;

-impermeabilizzazione dei membri di un sottogruppo all'influenza sociale da parte dei membri dell'altro sottogruppo;

-simmetria delle percezioni dei due (o più) sottogruppi;

Bibliografia

Argyle M. (1975), *Il corpo e il suo linguaggio*, Zanichelli, Bologna.

Lowen A. (1997), *Il linguaggio del corpo*, Feltrinelli, Milano.

Watzlawick, P. et al. (1977), *Pragmatica della Comunicazione umana*, Astrolabio, Roma.

Watzlawick, P. (1977), *Il linguaggio del cambiamento*, Feltrinelli, Milano.

Villamira M. - bracco F., (2009), *Comunicare. Elementi di psicologia della comunicazione*, Ed. Angeli.

Brockert S. - Braun G., *Sopravvivere in azienda*, Mondadori.

Erving Goffman, *Relazioni in pubblico*, Cortina

Pio E. Ricci Bitti, Bruna Zani, *La comunicazione come processo sociale*, il Mulino

Igor Olla si è laureato in Scienze dell'Educazione all'Università degli Studi di Cagliari e si è successivamente specializzato con un Master in Criminologia, un master in Psicologia della famiglia ed un corso biennale di formazione formatori. Ha seguito corsi di formazione sui disturbi dell'apprendimento e sulla didattica meta cognitiva e conseguito due specializzazioni sul bullismo e sui disturbi di attenzione e iperattività.

Ha insegnato Modelli e strumenti di Ricerca Educativa. Metodi e tecniche del lavoro di gruppo, Pedagogia generale, Pedagogia generale e sociale presso l'Università di Cagliari e Didattica Generale e Metodi e tecniche di gestione dei conflitti presso l'Università Europea di Roma.

Ha svolto l'attività di formatore e di educatore in svariati comuni della Sardegna ed è stato pedagogista coordinatore di diversi progetti educativi intercomunali.

Attualmente svolge la professione di Formatore.

Ha precedentemente pubblicato i libri *"Bullismo, mediazione ed apprendimento cooperativo"*, Lulu editore, *"Il bullismo a scuola. Analisi del problema e metodologie pratiche di intervento per docenti ed operatori extrascolastici"* per la Marco Valerio editore, *"Adolescenti a scuola. Devianza insuccesso e tecniche di intervento"*, *"Mediare i conflitti. Strategie comunicative per docenti e genitori"* per lo stesso editore.